Anne van Stappen

Petit cahier d'exercices de bienveillance envers soi-même

Illustrations Jean Augagneur

jouvence éditions

Petit Cahier
Sport cérébral du bien-être

Du même auteur aux Éditions Jouvence

Ne marche pas si tu peux danser, 2009

Dans la même collection

1. Petit cahier d'exercices du lâcher-prise, Rosette Poletti & Barbara Dobbs, 2008.
2. Petit cahier d'exercices d'estime de soi, Rosette Poletti & Barbara Dobbs, 2008.
3. Petit cahier d'exercices d'entraînement au bonheur, Y-Alexandre Thalmann, 2009.
4. Petit cahier d'exercices anti-crise, J. de Coulon, 2009.
5. Petit cahier d'exercices pour découvrir ses talents cachés, Xavier Cornette de Saint Cyr, 2009.
6. Petit cahier d'exercices de bienveillance envers soi-même, Anne van Stappen, 2009.
7. Petit cahier d'exercices pour se désencombrer de l'inutile, Alice Le Guiffant & Laurence Paré, 2009.
8. Petit cahier d'exercices pour en finir enfin avec la cigarette,Dr Charaf Abdessemed, 2009.
9. Petit cahier d'exercices pour voir la vie en rose, Y.-Alexandre Thalmann, 2010.
10. Petit cahier d'exercices de Communication NonViolente®, Anne van Stappen, 2010.
12. Petit cahier d'exercices de Kama-Sutra, Frédéric Ploton, 2010.
13. Petit cahier d'exercices de désobeissance civile, J. de Coulon, 2010.

Catalogue gratuit sur simple demande

ÉDITIONS JOUVENCE
BP 90107 – 74161 Saint Julien en Genevois Cedex
Suisse: CP 184 – 1233 Genève-Bernex
Internet: **www.editions-jouvence.com**
Mail: info@editions-jouvence.com

ISBN 978-2-88353-787-3

Couverture et mise en page: Éditions Jouvence
Dessins de couverture et intérieurs: Jean Augagneur

Puis-je être bienveillant(e) envers moi-même ?

Que va-t-on penser de moi si je m'occupe de moi ?

Ne va-t-on pas m'en vouloir ?

Ne vais-je pas devenir égoïste ?

Suis-je assez bienveillant(e) envers les autres ?

N'est-ce pas mieux d'être généreux(se) et de s'oublier soi-même ?

Existe-t-il une forme de « bon égoïsme » ?

Quelle est la limite à la bienveillance que je peux m'offrir ?

Il arrive à chacun de nous de se poser ces questions sans réellement avoir de réponses claires à ce sujet. J'espère que ce petit cahier d'exercices vous aidera à en trouver.
Bon vent sur le chemin de la bienveillance envers vous-même !

C'est quoi être bienveillant envers soi-même ?

- C'est prendre soin de soi d'une manière telle que l'on va bien et qu'alors, inévitablement, on a beaucoup à donner aux autres et on ressent l'envie de le faire.

- C'est vivre sa vie de façon à se sentir heureux, en paix et en harmonie avec ses valeurs, ses rêves, ses aspirations et ce, sans qu'il n'y ait un coût à payer pour quiconque.

L'art de la bienveillance envers soi-même se décline en cinq talents :

1. **Être présent à soi :**
   - à son corps,
   - à ses émotions et à ses besoins.
2. **Oser prendre soin de soi, quitte à déplaire :**
   - bien s'occuper de soi,
   - se faire plaisir,
   - être à l'écoute de ses limites (lorsqu'on donne à autrui),
   - faire le tri entre ce qui est bon pour soi et ce qui est nuisible.
3. **Cultiver un dialogue humain par :**
   - l'expression de soi, honnête et assertive (exprimer ce qui est vivant en soi sans agresser, juger ou critiquer l'autre),

- l'écoute de l'autre, empathique et respectueuse (tenter de comprendre l'autre et qu'il se sente compris, quelle que soit sa façon de s'exprimer),
- l'expression de la gratitude ou savoir (se) remercier.

4. **Créer une vie en accord avec qui on est profondément :**
   - s'écouter pour se connaître (auto-empathie),
   - aller vers ses rêves.
5. **Discipliner son esprit :**
   - lâcher les jugements et les transformer en sentiments/besoins (transformer « ce que je te reproche » en « ce à quoi j'aspire »),
   - repérer et savourer autant que possible la beauté de chaque instant.

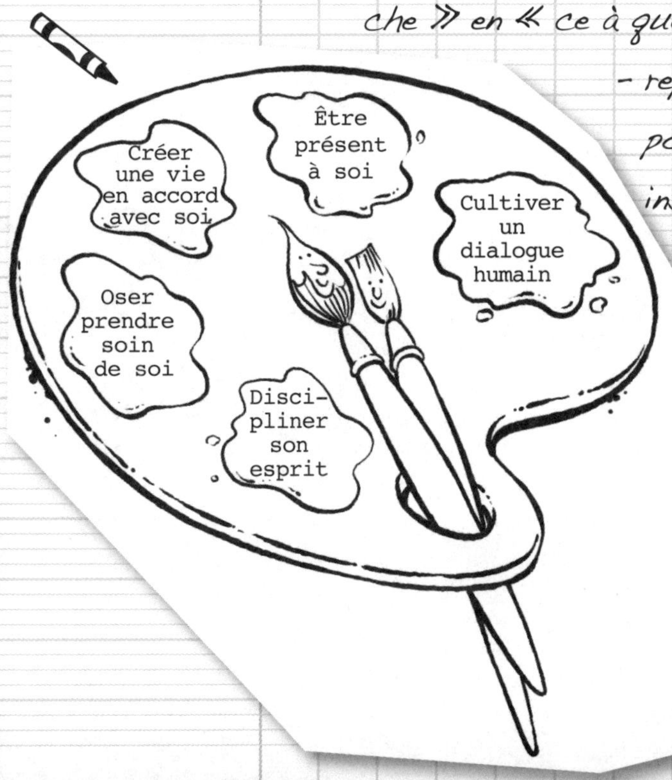

Coloriez la palette selon votre envie, avec les couleurs que vous inspire chaque talent.

Être présent à soi

> ***« Il y a une forme d'égoïsme qui fait qu'on est si nourri qu'alors on a beaucoup à donner à autrui. »***
>
> Marshall Rosenberg

À présent, soyons bio-logiques (bio signifie « vie » en grec), respectons la logique de la vie ! Prenons soin de nous avant d'imaginer pouvoir prendre soin des autres. Il est dit : « Aime ton prochain comme toi-même », mais beaucoup d'êtres humains ont oublié les mots « comme toi-même » et se comportent davantage comme des robots que comme des humains.

Je pense

J'agis

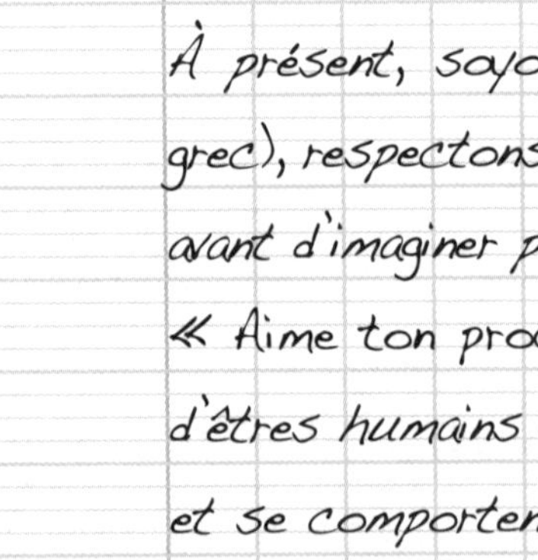

Je pense

Je me sens

J'aimerais, j'aspire à

J'agis

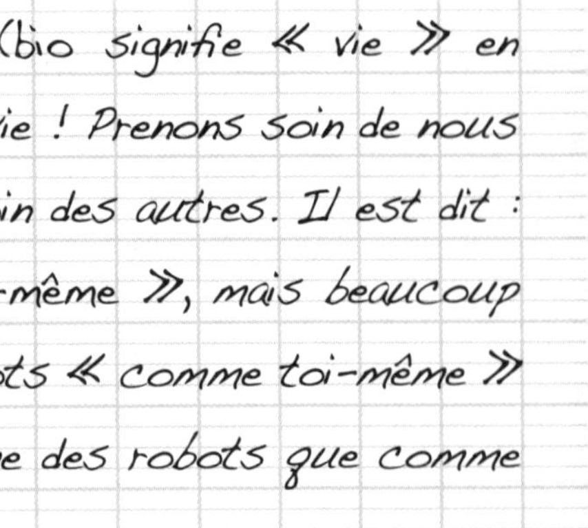

Vous arrive-t-il de fonctionner comme un robot (je pense, j'agis) ?

À quels moments ?

Dans quelles situations ?

Avec qui ?

Est-ce favorable à votre équilibre ?

Ou comme un être humain à part entière (je pense, je sens, j'aspire à, j'agis) ?

À quels moments ?

Dans quelles situations ?

Avec qui ?

Au vu de ces réponses, qu'aimeriez-vous développer davantage ?

–

–

La présence à soi, c'est apprendre à être « dans son corps » et à sentir ses émotions.

La présence à son corps

Nous oublions tant notre corps qu'il faut qu'il nous fasse souffrir pour que nous prenions soin de lui, parfois trop tard...

Si nous nous centrons sur notre corps, cela ménage en nous un espace de connexion avec nous-même et de calme, et c'est ce qui permet la « vraie vie, celle qui se vit, pas celle qui se pense » ! (David Komsi)

Pourquoi être présent à son corps ?

Parce que :

- Quand on est en lien avec son corps, on est comme un arbre, enraciné dans le sol.

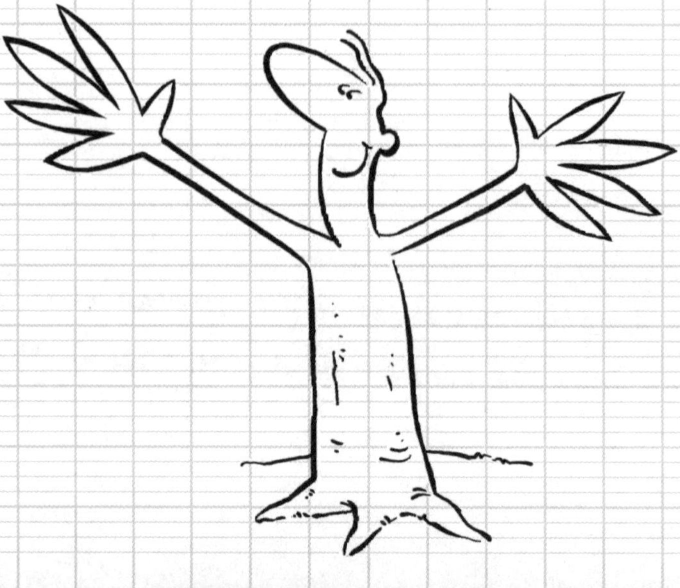

- Si l'on est conscient de ce qui nous habite, on sera plus vivant, plus alerte et on pourra vraiment être disponible pour l'extérieur, ou bien on réalisera à temps qu'on ne l'est pas !
- Si l'on est plus « en soi » que « dans l'événement », on est dans un recul qui nous préserve et préserve la qualité de nos relations en diminuant notre réactivité émotionnelle.

Citez des moments où vous oubliez de prendre en compte ce que vit votre corps :

–

–

Comment vous sentez-vous après cela ?

–

–

À quels moments vous occupez-vous bien de votre corps ?

–

–

Comment vous sentez-vous après cela ?

–

–

Voici deux exercices très simples pour être présent à soi et à son corps :

Prenez et gardez consciemment le contact avec une partie de votre corps

Sentez vos mains qui se touchent, le contact de vos pieds sur le sol ou de votre dos avec le siège. Ou bien, portez simplement votre attention sur l'une de vos mains. Percevez si elle est chaude ou froide, si elle est engourdie, si elle picote, etc.

Vous pouvez aussi sentir l'air entrer et sortir de vos poumons.

Pendant 2 minutes, soyez attentif(ve) à la sensation que vous avez choisi d'explorer. Restez conscient(e) de vous-même et observez les effets de cet exercice sur votre corps.

Y a-t-il une détente qui s'installe ?

Cette pratique procure de nombreux bienfaits que vous découvrirez si vous l'exercez de façon quotidienne. Elle a pour but de nous rappeler que notre corps existe et permet, lorsque l'on échange avec quelqu'un, de ne pas se perdre dans la relation avec l'autre et de garder le contact avec soi-même.

Centrez-vous pendant 3 minutes

Installez-vous confortablement, fermez les yeux et demandez-vous :

Comment est-ce que je me sens dans mon corps ? Qu'est-ce qui est tendu, détendu, confortable, désagréable… 	
Comment est-ce que je me sens dans mon cœur ? Suis-je triste, joyeux(e), en colère, découragé(e), enthousiaste… 	
Quelles sont en ce moment mes pensées prédominantes ? 	

Il n'y a rien à changer, il y a seulement à prendre conscience de ce qui se passe en soi.

Si, au début de cette pratique, vous ne percevez pas les zones tendues ou détendues, parfois, le fait de légèrement bouger la partie du corps que vous voulez sentir peut vous aider à être conscient(e) de son état.

Le deuxième exercice a pour buts :

- de ramener notre énergie dans le présent. Souvent, notre attention est bloquée dans le passé ou déjà investie dans le futur ;
- d'être « dans son corps » plutôt qu'« à côté de ses pompes » ou « hors de soi » !
- d'être conscient de ce qui se passe en soi, physiquement et émotionnellement ;
- de se centrer (par exemple, avant une entrevue difficile) ;
- de se régénérer (la présence à soi améliore la santé et l'immunité).

Faites le point en terminant ces phrases :

Être présent(e) à moi, c'est facile quand…

C'est difficile quand…

Ce sera le plus difficile quand…

C'est essentiel quand…

Je choisis pour la semaine qui vient d'être présent(e) à moi quand…

Ce qui m'y aidera, c'est…

Prenez une feuille A4 et, si cela vous inspire, découpez-la en forme de cœur, décorez ce cœur et écrivez-y de quelle façon vous allez développer la présence à vous-même :

Cette semaine, je m'engage à être présent(e) à moi quand…

- **Contexte :**
- **Moment :**
- **Façon :**

Placez-la dans un endroit où vous la verrez souvent !

Regardez-vous avec bienveillance dans un miroir et dessinez puis coloriez votre visage sur cette page TOUT EN RESTANT PRÉSENT À VOUS-MÊME !

Que se passe-t-il en vous pendant que vous vous dessinez ?

La présence à ses émotions et à ses besoins (ou l'auto-empathie)

« **Un instant de présence à soi vaut mieux que mille bonnes actions.** »

Anonyme

L'auto-empathie ou écoute de soi est un moment que l'on prend pour se tourner vers l'intérieur de soi-même et pour accueillir ce qui se passe en soi. Pour cela, deux questions aident à créer la connexion avec soi :

- **Comment est-ce que je me sens ?**
- **À quoi est-ce que j'aspire, qu'est-ce que je veux dans cette situation ?**

Il importe d'être conscient de son vécu, surtout en cas de difficulté, parce que :

- Même si on ne peut rien faire par rapport à une situation, le fait de mettre des mots sur ses états d'âme soulage déjà la tension intérieure.
- Si on prend le temps de connaître ses sentiments et de s'interroger sur ce à quoi on aspire, sur ses « besoins », on aura plus de clarté par rapport aux demandes qu'on pourrait faire pour les satisfaire.

Remarques de l'auteur :

Le mot **besoin** est souvent connoté négativement parce qu'il sous-entend une notion de manque ou d'avidité. Ici, il désigne ce qui compte pour un être humain, ce qui est essentiel pour lui, comme ses aspirations, ses valeurs, ses rêves.

Ce terme englobe à la fois les **besoins vitaux**, comme manger, boire et dormir, les **besoins de sécurité**, comme avoir un toit, une famille et un métier, et les **besoins d'épanouissement**, comme le besoin de se réaliser et de contribuer à la vie. Le besoin, tel qu'il est envisagé ici, est profond et va dans le sens du vivant et de l'apaisement. Les besoins sont universels, également importants et décrits de façon positive.

Par exemple, si quelqu'un a subi une agression et dit : « J'ai besoin de me venger », ce n'est pas un besoin parce que cette façon de parler ne va pas dans le sens de la vie et risque d'attiser la souffrance au lieu de l'apaiser. Donc, une façon de s'exprimer plus proche du vivant serait de dire : « J'ai besoin de réparation ou d'être rassuré(e) qu'il y aura un apprentissage qui émergera de ce qui s'est passé. »

Attention à ne pas confondre les besoins avec les désirs !
Par exemple, je peux avoir **besoin** de me relaxer et avoir le **désir** de fumer une cigarette. Un désir est une façon parmi d'autres de tenter de satisfaire un besoin. Peut-être que, grâce à la cigarette, je comble un besoin de connexion avec moi ou de me faire plaisir ? Mais je n'ai pas besoin de cigarette pour rester en vie... au contraire !
D'autre part, si je veux donner de la densité à ma vie, il est bon que je connaisse les besoins profonds qui m'habitent et que je m'y relie, plutôt que de vouloir satisfaire des ersatz de besoins. Pour réaliser cela, il suffit que je me pose plusieurs fois la question suivante :
« Quand je fais ce que je fais ou quand je vis ce que je vis, quel besoin cela comble-t-il ? »
Par exemple, « Quand je fume une cigarette, quel besoin cela comble-t-il ? »
Imaginons que la réponse soit : « Un besoin de détente, de connexion avec moi et de me faire plaisir. »
Je peux alors me reposer la question : « Quand je m'offre cette détente, cette connexion avec moi et ce plaisir, quel besoin cela comble-t-il ? »
Imaginons que la réponse soit : « Cela me donne de l'énergie pour assumer mes journées. »

Je peux alors me reposer la question : « Quand j'ai l'énergie d'assumer mes journées, quel besoin cela comble-t-il ? »
Imaginons que la réponse soit : « J'agis, j'accomplis mes tâches quotidiennes, j'ai de l'élan. »
Je peux alors me poser deux questions qui élargissent mes possibilités de choix quant à la façon dont je m'aide à assumer mes journées :
« Le choix de fumer me satisfait-il sur le long terme ? »
« Existe-t-il d'autres stratégies, d'autres moyens que la cigarette pour m'aider à me détendre, à me connecter à moi-même et à trouver l'énergie pour accomplir mes tâches quotidiennes ? »

L'auto-empathie est une forme de « bon égoïsme » !

En effet, quand quelque chose ne va pas, si l'on prend le temps de s'écouter, tôt ou tard, un déclic se produit, une clarté émerge et une détente survient. Ensuite, notre énergie remonte.
Par exemple, imaginez que vous êtes au travail un jour où le personnel est en nombre insuffisant. Vous êtes débordé(e). Vous pouvez vous énerver sur vos collègues absents, ce qui va créer des tensions et vous vider de votre énergie. Vous risquez alors d'être insatisfait(e) et de vous juger vous-même. Ou bien,

vous pouvez décider d'écouter et d'accueillir ce que vous vivez jusqu'à ce que vous sentiez en vous un soulagement.

Voici ce que cela pourrait donner :

« Est-ce que je suis excédé(e) ? Fatigué(e) ? Ai-je besoin de solidarité et de compréhension par rapport à l'excès de travail qui m'incombe ? Ah, ce que j'aimerais faire les choses à un rythme plus humain ! Je n'en peux plus ! Je voudrais bien en parler avec mes collègues pour qu'on trouve sans tarder des solutions. Demain, j'irai leur parler, c'est décidé ! »

Les difficultés rencontrées ou s'écouter, c'est pas toujours facile !

Il arrive souvent que l'on ait plusieurs sentiments et plusieurs besoins en même temps. Or, accueillir et canaliser plusieurs sentiments, cela consomme de l'énergie et gérer divers besoins prend du temps car ils peuvent parfois paraître antagonistes. Dans ce cas, il est bon d'accueillir TOUS ses sentiments parce que, quand une émotion est complètement écoutée, elle se transforme et cela procure de l'apaisement. Et de connaître et clarifier TOUS ses besoins, afin de découvrir ceux qui sont prioritaires.

Par exemple, un homme âgé qui a le vertige constate que quelques tuiles de son toit se sont déplacées. Il hésite à monter pour les replacer : il est partagé entre son besoin de préserver sa maison et son besoin de sécurité physique. C'est important qu'il écoute toutes les facettes de ce qu'il vit avant d'agir, parce que s'il monte sur une échelle en niant ses peurs et son besoin de sécurité, il risque d'être maladroit et de tomber. Et s'il écoute son besoin de sécurité physique, sa maison va se détériorer. En prenant le temps d'être à l'écoute de tous ses besoins, il pourra trouver une solution qui tiendra compte de l'ensemble de ses priorités.

Observez tous ces visages et en dessous de chacun d'eux, écrivez un mot pour nommer l'émotion correspondante :

la tristesse
la mauvaise humeur
la colère
la rage
la distraction
l'air dubitatif
l'air effrayé
l'air fatigué

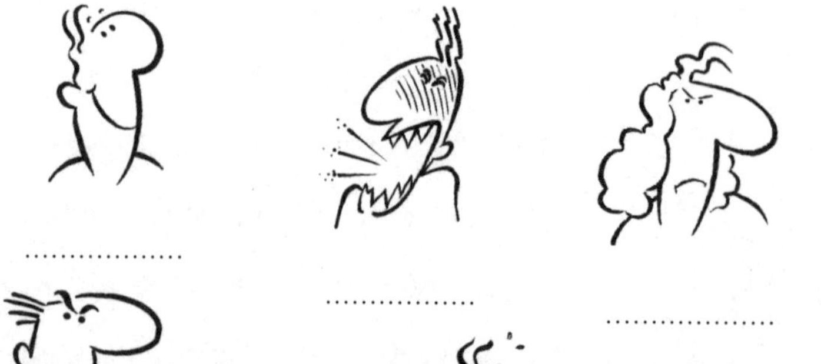

À propos des sentiments – ou les sentiments, c'est quoi au juste ?

Nos sentiments sont comparables à des témoins lumineux sur le tableau de bord d'une voiture : si le témoin de l'huile s'allume, cela indique que la voiture a besoin d'huile. De même, nos sentiments nous renseignent sur nos besoins.

Ainsi, **un sentiment ne tombe pas du ciel : il est engendré par les besoins qui nous habitent.**

Si l'on vit un sentiment à connotation désagréable, cela signifie que l'on a un ou (des) besoin(s) non satisfaits(s). Par exemple, si votre enfant a eu 2/10 en mathématiques, vous vous sentirez inquiet(ète) parce que votre besoin de sécurité pour sa réussite scolaire n'est pas satisfait.

Si l'on vit un sentiment à connotation agréable, cela signifie que l'on a un ou (des) besoin(s) satisfait(s). Par exemple, si vous êtes choisi(e) parmi 200 candidats pour un poste que vous briguez, vous serez content(e) parce que votre besoin de reconnaissance de votre valeur et celui de vous épanouir professionnellement sont satisfaits.

Attention ! Il existe des mots qu'on emploie comme des sentiments mais dont l'utilisation est à éviter, car ils sont mélangés à un jugement sur autrui ou sur soi ! Ce sont des mots comme : « Je me sens trahi(e), abandonné(e), incompris(e), incompétent(e), incapable... »

Comme ils jugent l'autre ou soi, ils sont tantôt une source potentielle de conflits (jugement sur l'autre), tantôt une source de découragement (jugement sur soi). Ils nous privent ainsi de notre pouvoir personnel : soit on se vit comme victime de l'autre, soit on se décourage en se dévalorisant. Ils nous font aussi perdre de l'énergie parce que leur usage nous met dans une attitude réactive, non pas créative.

L'auto-empathie, ou écoute de ses sentiments et besoins, est une voie royale vers l'amour de l'autre et le respect de soi, parce que :

- Je suis si nourri(e) par l'attention que je me porte que je vais naturellement me tourner vers l'autre.
- Ce que j'ai écouté et compris chez moi, je pourrai l'écouter et l'accueillir chez l'autre.
- Ce que je n'ai pas accueilli chez moi, je risque de le projeter sur l'autre à qui je vais attribuer mes imperfections.

- Si je ne m'occupe pas bien de moi, tôt ou tard, j'irai mal !

- Si je ne m'offre pas de moments d'auto-empathie, je risque de m'auto-intoxiquer (tabac, boulimie, alcool, etc.) ou de rendre autrui responsable de mon malaise.

<u>Qu'est-ce que ces commentaires suscitent en vous ?</u>

–	–
–	–
–	–

<u>Dans le cadre ci-après, notez deux commentaires qui vous parlent et décorez-les selon votre goût.</u>

<u>Exercice d'auto-empathie</u>

(Aidez-vous des listes en fin de cahier, p. 60)

Pensez à une situation désagréable que vous avez vécue récemment et accomplissez les étapes suivantes :

– **Observation** : décrivez la situation de façon neutre.
– **Sentiments** : explorez vos sentiments en relation avec les faits.
– **Besoins** : recherchez vos besoins non satisfaits.
– **Demande** : recherchez l'action que vous pourriez entreprendre pour aller dans le sens de la prise en compte de vos besoins.

« Quand je pense à…
je me sens…
parce que j'ai (j'avais) besoin de…
et maintenant, je vais… je choisis de… »

Par exemple : *« Quand il a dit à une tierce personne que j'étais incompétent(e), je me suis senti(e) frustré(e) et impuissant(e), parce que j'avais besoin de transparence et d'espace pour m'exprimer. Et maintenant, j'aimerais lui proposer de prendre un moment pour en parler. »*

<u>Trouvez et décorez un « journal de bord », car le fait d'exercer régulièrement l'auto-empathie musclera votre capacité à connaître votre vécu intérieur.</u>

Prescription magistrale pour une bonne santé :

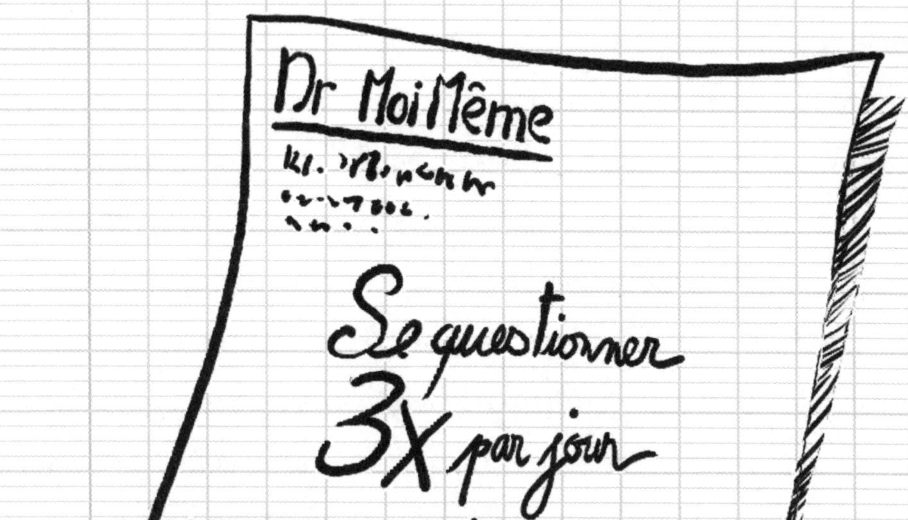

Oser prendre soin de soi, quitte à déplaire

Bien s'occuper de soi

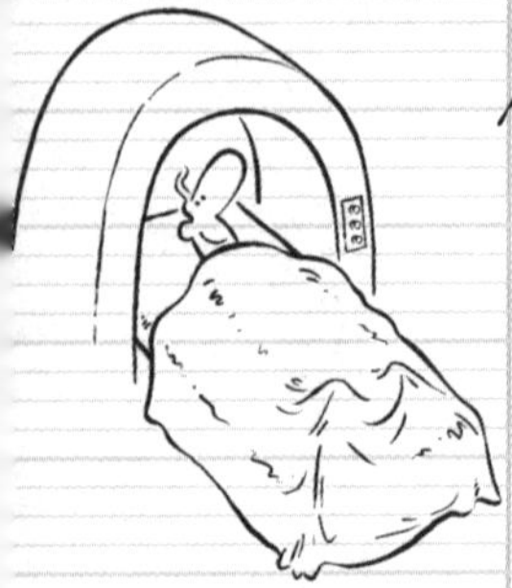

C'est tout ce qui est écrit dans ce petit cahier et particulièrement :

- Scanner régulièrement son état physique et en tenir compte, c'est-à-dire prendre soin de l'état de son corps. Voir La présence à son corps, p. 8.
- Explorer et écouter tous ses sentiments et besoins et ensuite agir dans le sens de ses besoins primordiaux. Voir La présence à ses émotions et à ses besoins, p. 15.
- Dialoguer, sociabiliser, se confier car : **« Quand on partage une joie, elle augmente et quand on partage une peine, elle diminue. »**
- Prendre des moments pour se rencontrer, des moments d'intériorité et de solitude. Par exemple, aller régulièrement seul(e) dans un endroit confortable ou partir en promenade dans la nature avec l'intention de faire le silence du mental. Petit à petit, jour après jour, l'agitation de notre esprit cédera la place au calme et notre activité cérébrale ralentira son rythme. Bien sûr, cela peut prendre du temps de créer de l'espace entre deux pensées, mais, comme pour tout entraînement, à force

de pratiquer, les résultats surviennent. Cette paix intérieure permet à la créativité et au coeur de se déployer.

- Prendre soin de ses blessures d'enfance. Chaque être humain, qu'il en soit conscient ou non, vit des expériences difficiles ou traumatisantes. Il est donc parfois bon de nous tourner vers notre passé et d'y repérer ce qui nous a blessés, afin de soigner les parties de nous-mêmes qui en ont besoin.

Le soin de nos blessures se fait sous différentes formes : la bienveillance des êtres qui sont sur notre route, l'écoute par des thérapeutes formés pour cela, la lecture ou la découverte de témoignages de personnes ayant vécu des traumatismes similaires, etc.

Parmi tout cela, ce qui compte, c'est de se souvenir que :

« Quand une douleur est complètement accueillie, elle se transforme. »

Alors que :

« Ce à quoi on résiste persiste ! »

Coloriez la première pensée avec une couleur gaie et la seconde avec une couleur triste, puis méditez dessus.

Se faire plaisir

C'est prendre le temps de vivre, de respirer, de bouger, de s'amuser, de jouer, de se relaxer, etc. En étant conscient que, si l'on commence à oser prendre soin de soi, cela frustrera peut-être notre entourage qui nous verra moins disponible, mais que « c'est OK » tant que cela ne coûte à personne.

Quelques signes que l'on s'occupe bien de soi :

Joie de vivre
Épanouissement
Enthousiasme
Dynamisme
Désir de contribuer au bien-être d'autrui
Paix intérieure
Ouverture à la vie
Créativité jaillissante
Énergie vitale croissante, etc.

Quand « bien s'occuper de soi » risque-t-il de déraper vers « mal s'occuper de soi » ?

- Quand on est si centré sur soi qu'on ne voit plus l'autre et qu'on passe à côté d'une bonne partie des beautés de cette planète.
- Quand on privilégie la satisfaction de ses besoins à court terme sans avoir réellement soupesé l'importance de ses besoins à long terme. Par exemple, je regarde la télévision pendant des heures et en oublie mes études. Dans ce cas, je privilégie mes besoins à court terme (détente, distraction...) mais je néglige ceux à long terme : me donner toutes les chances de réussir et d'avoir, grâce à un diplôme, plus de choix pour faire le métier que je veux.

- Quand on agit sans conscience de soi, de l'autre ou de l'acte. Par exemple, j'utilise toute l'eau chaude de la maison sans penser à ceux qui se laveront après moi.
- Quand on privilégie ses besoins « superficiels » sans s'occuper de ses besoins profonds. Par exemple, pour avoir la paix, je dis « oui » à quelqu'un qui me sollicite alors que j'aimerais oser être moi et dire « non ».
- Quand on se juge coupable de prendre du temps pour soi.

Notez trois manières que vous avez de bien vous occuper de vous :

–

–

–

Comment vous sentez-vous en faisant cette liste ?

Notez trois activités qui vous font plaisir :

–

–

–

Vous nuisent-elles sur le long terme ?
La fréquence de ces activités dans votre vie vous convient-elle ?

Si vous décidez de changer cette fréquence, notez les conséquences possibles pour vous et votre entourage :

–

–

–

Comment vous sentez-vous en prenant cette décision ?

Fermez votre cahier et faites pendant 5 minutes quelque chose qui vous fait plaisir.

Être à l'écoute de ses limites

Ses limites à quoi ? À ce que l'on donne de soi, de sa personne. Mais comment savoir si j'ai dépassé mes limites ?

Cochez les cases où vous vous retrouvez ces temps-ci :

- [ ] *Je suis épuisé(e).*
- [ ] *J'en veux à l'autre de ce que je lui donne.*
- [ ] *Je me renferme.*
- [ ] *Je suis irritable ou agressif(ve) pour n'importe quoi.*
- [ ] *Je n'ai plus d'élan.*
- [ ] *Je n'ai plus de joie de vivre.*
- [ ] *Je n'ai plus de goût pour certaines choses.*
- [ ] *Je suis incapable de décider pour moi.*
- [ ] *J'agis de façon automatique.*
- [ ] *Je dors mal.*
- [ ] *Je mange plus (ou moins) que la normale, je fume, je bois trop, je…*
- [ ] *Je me sens triste.*
- [ ] *Je suis à bout.*
- [ ] *Je n'ai plus de patience.*

Il n'y en a aucune ? Bravo, tout se passe bien pour vous.
De 1 à 3, c'est le moment de songer à mieux vous occuper de vous.
De 4 à 5, il est important de prendre des mesures de changement ou de vous faire aider.
Plus de 6, il est temps de consulter un médecin ou un psychothérapeute car vous avez manifestement besoin d'aide.

Qu'est-ce que « donner sainement » ?

Cochez les propositions où vous vous retrouvez :

❑ 1. *Je donne pour le goût de contribuer au bien-être d'autrui.*

❑ 2. *Je donne pour être accepté(e).*

❑ 3. *Je donne parce qu'on m'a appris à le faire.*

❑ 4. *Je donne parce que j'aime faire plaisir.*

❑ 5. *Je ne sais pas pourquoi je donne, c'est plus fort que moi !*

❑ 6. *Je donne pour le goût de contribuer à la qualité ou à la beauté de la vie.*

❑ 7. *Je donne sans compter et je le regrette après.*

❑ 8. *Je donne en respectant mes limites.*

❑ 9. *Je donne parce que je suis heureux(se) de voir la joie que j'engendre.*

❑ 10. *Je donne parce que je ne sais pas dire non.*

❑ 11. *Je donne sans attendre en retour.*

❑ 12. *Je donne pour être indispensable.*

❑ 13. *Je donne pour être apprécié(e).*

❑ 14. *Je donne et j'oublie aussitôt que j'ai donné.*

❑ 15. *Je donne pour recevoir en échange.*

❑ 16. *Je donne pour avoir une place dans la « société », dans ma famille, etc.*

❑ 17. *Je donne pour être reconnu(e).*

❑ 18. *Je donne pour avoir la paix.*

❑ 19. *Je donne pour ne pas être en dette.*

Donner « sainement », c'est donner d'une façon telle qu'il en résultera de la joie et de la légèreté, pour le donneur comme pour le receveur. Dans ce genre de don, personne ne « doit » rien à personne !

Solutions : Les phrases n° 1, 4, 6, 8, 9, 11 et 14 témoignent d'une manière saine de donner.

Situez-vous sur un continuum horizontal qui va du plus profond égoïsme à la plus grande générosité.

Égoïsme — Générosité

Placez sur différentes verticales vos proches (parents, conjoint(e), enfants), vos amis, vos collègues de travail et autres relations et situez votre degré de générosité ou d'égoïsme du moment présent par rapport à chacun d'entre eux.

Comment vous sentez-vous en constatant là où vous vous situez ?

–

–

Y a-t-il quelque chose que vous voudriez changer ?

–

–

Si oui, réorganisez votre diagramme tel que vous désirez qu'il soit.

Donner à autrui, c'est prendre soin de soi, pour autant que l'on reste à l'écoute de ses limites.

Lorsqu'on donne, quelles qu'en soient les raisons, cela fait autant de bien au donneur qu'au receveur. En effet, il est prouvé scientifiquement que :

« L'action de donner ou de coopérer est physiologiquement liée à une sensation de plaisir. Ainsi, nous avons une raison égoïste d'être généreux et les bonnes actions agissent sur nous comme une drogue sans les effets secondaires. »

Stefan Einhorn, L'art d'être bon

« Les égoïstes stupides pensent à eux-mêmes
et le résultat est négatif.
Les égoïstes sages pensent aux autres, les aident
et en obtiennent aussi des bienfaits. »

Dalaï-Lama

Souvenez-vous d'un moment récent où vous avez donné quelque chose à quelqu'un : une attention, de l'écoute, une surprise… Comment vous sentiez-vous ?

–

–

À un moment, on ne sait plus qui donne et qui reçoit. Quand nous donnons, un peu de « stretching », d'effort, est parfois nécessaire pour agrandir notre cœur. C'est comme dans la pratique d'un sport, aller de temps en temps au-delà de ses limites et de sa zone de confort muscle le corps.

<u>Les signes que vous prenez bien soin de vous augmentent-ils ?</u>
Voir *Quelques signes que l'on s'occupe bien de soi*, p. 28.
Si oui, lesquels ?

–

–

–

Faire le tri entre ce qui est bon pour soi et ce qui est nuisible

Installez-vous dans un endroit agréable, créez une ambiance qui vous plaît et veillez à ne pas être dérangé(e) pendant 30 minutes. Prenez de quoi écrire.

Observez attentivement votre vie en pensant :

- aux comportements des gens avec qui vous vivez ou que vous fréquentez,
- à vos activités professionnelles, personnelles, sociales, sportives...
- à vos habitudes, à votre façon de vous nourrir, de vous distraire, de vous détendre, etc.

Ensuite, placez ce que vous avez observé dans les colonnes suivantes :

Nuisible	Neutre	Bon pour moi
–	–	–
–	–	–
–	–	–
–	–	–
–	–	–

Si vous avez-vous écrit le plus d'éléments...

- **dans la colonne « nuisible »**, observez ceux-ci, un par un, sans (vous) juger ni banaliser ni vous résigner.

« Le changement, c'est la vision claire de ton fonctionnement, pour autant que tu n'y ajoutes pas de commentaire psychologique. »

Éric Baret

- **dans la colonne « neutre »**, posez-vous ces questions :
  Est-ce que je m'autorise à être pleinement vivant(e) ?
  Est-ce que je pourrais changer certains aspects de ma vie afin de faire davantage de bonnes choses pour moi ?
- **dans la colonne « bon pour moi »**, remerciez l'énergie de la vie qui oeuvre en vous de cette façon et prenez le temps de vous réjouir de ce que vous vivez de bien. Remerciez chacune des personnes qui vous aident à vivre du « bon pour vous ».

À présent, demandez-vous :

Y a-t-il dans ma vie des habitudes destructrices qu'il serait bon que j'abandonne ou des personnes dont le comportement est nuisible pour moi et dont il serait bon que je me protège ou me sépare ?

N'oubliez pas de faire la différence entre la personne et son comportement : en effet, aucun être humain, quel qu'il soit, n'est à cataloguer comme « nuisible ». Cela dit, une personne peut avoir avec vous des attitudes qui vous nuisent et dont il serait bon de vous protéger. Ou bien, cette personne et vous pouvez avoir ensemble des modes de fonctionnement qui sont destructeurs.

Par exemple, si vous avez l'habitude de vous disputer, cela ne fait pas de vous ou de l'autre de « mauvaises personnes ». C'est simplement qu'entre vous, la relation est bloquée ou bien manque d'harmonie ou de fluidité.

Êtes-vous prêt(e) à passer ce cap ?

Si c'est le cas, accomplissez l'exercice suivant intitulé : **« Je prends ma vie en mains »**. Il vous aidera à assumer la responsabilité de votre vie.

Je prends ma vie en mains

Complétez la phrase ci-après et prononcez-la 7 fois par jour pendant 21 jours d'un ton ferme et en vous efforçant de vous sentir comme vous vous sentiriez si c'était déjà accompli :

« …
(citez l'habitude, la situation ou le comportement de la personne)
est nuisible pour moi et je me sépare (ou je me protège) maintenant de ce(tte)…
afin d'aller vers…
(citez explicitement et en termes positifs ce à quoi vous aspirez)
Je m'engage à faire chaque jour un pas dans cette direction.
Même si je ne sais pas comment faire, j'ai confiance que j'ai en moi les ressources pour y parvenir. »

Exemple n° 1 : *« L'alcool est nuisible pour moi et je me sépare maintenant de cette habitude afin d'aller vers la santé, la beauté et la liberté de choix… Je m'engage… »*

Exemple n° 2 : *« Fréquenter des copains qui veulent m'entraîner à voler dans les grands magasins est nuisible pour moi et je me sépare maintenant de ce genre de relations afin d'aller vers la sécurité, le respect des biens d'autrui, la fierté et l'estime de moi… Je m'engage… »*

Exemple n° 3 : *« Me laisser frapper par… est nuisible pour moi et je me protège maintenant de ce comportement, afin de préserver mon intégrité, de me faire respecter… Je m'engage… »*

Soyez conscient(e) que chaque personne ou chaque situation « nuisibles pour vous » ont aussi des enseignements, des « cadeaux » à vous transmettre, même si cela n'apparaît pas pour le moment. Un premier cadeau serait par exemple de vous apprendre à poser vos limites, à être responsable de votre vie et à affirmer : « Plus jamais ça dans ma vie ! »

Pensez à votre meilleur souvenir de vacances et dessinez-le :

Exercice pour prendre du recul et/ou vous soulager d'un comportement qui vous a nui

Pensez à une personne dont les mots ou le comportement sont ou ont été une source de souffrance pour vous. Écrivez ce qu'elle (a) dit ou fait.

— Accueillez ce qui est vivant en vous en vous posant ces deux questions :
Comment est-ce que je me sens quand je pense à cela ou quand je vis cela ?
Quels sont mes besoins non satisfaits ?

— Faites un dessin de vous dans la situation.

Écrivez vos sentiments à côté de votre cœur et vos besoins insatisfaits à côté de l'abdomen.

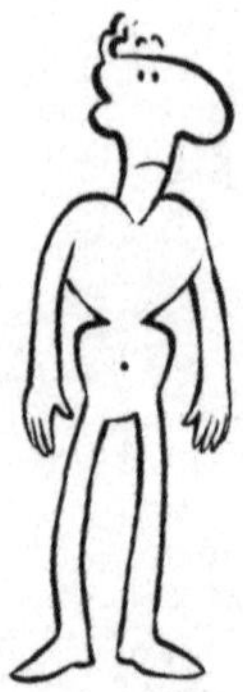

Dessinez autour de votre être blessé tout ce qui pourrait le protéger et/ou l'aider dans sa peine : des personnes chères, des êtres fiables, responsables, etc., la nature, des animaux… Mettez une musique douce et accueillez vos émotions avec bienveillance.

« N'oubliez pas que vous êtes votre meilleur ami. »

Voici à présent un dessin représentant cette personne dont les mots ou le comportement sont ou ont été une source de souffrance pour vous – n'oubliez pas qu'elle est un être humain, au moins potentiellement !

Écrivez les mots ou décrivez le comportement qui vous ont nui au niveau de ses jambes. Au niveau du cœur, écrivez comment **vous imaginez** que la personne se sentait pour en arriver à parler ou à se comporter comme ça. Au niveau de l'abdomen, écrivez **les besoins que vous supposez** qu'elle essayait de combler.

Comment vous sentez-vous ?

– Si vous êtes plus en paix, bravo !
– Si cela ne change rien pour vous, ou si des émotions douloureuses font surface, c'est le signe que vous êtes encore blessé(e) et que vous avez besoin que l'on comprenne et écoute votre souffrance, votre peur, votre tristesse ou votre colère. Allez si possible vers quelqu'un en qui vous avez confiance.

À présent, promettez-vous : *« À partir de maintenant, je prends soin de moi et je me mets dans des situations qui me font du bien. Si je rencontre encore des situations dommageables pour moi, je m'éloignerai autant que je peux et je choisirai de m'entourer ou au moins de m'imaginer entouré(e) de tout ce que j'ai dessiné pour me protéger. »*

Demandez-vous s'il est nécessaire de vous séparer maintenant d'une personne ou d'une situation en particulier. Si c'est le cas, faites 7 fois par jour pendant 21 jours l'exercice « Je prends ma vie en mains » (p. 38) et demandez-vous ce que vous pourriez faire d'autre pour vous protéger si nécessaire.

Cultiver un dialogue humain

Abordons nos relations en restant en accord avec notre humanité. Pour cela, il est essentiel de porter notre attention sur les sentiments et les besoins qui habitent chaque personne plutôt que de penser à ce qui ne tourne pas rond, chez l'autre ou chez soi.

Cela se réalise grâce à :

- l'expression de soi, honnête et assertive,
- l'écoute de l'autre, empathique et respectueuse,
- l'expression de la gratitude.

L'expression de soi, honnête et assertive

Il s'agit de s'autoriser à exprimer ce qui est vivant en soi, c'est-à-dire ses sentiments et ses besoins, sans agresser, juger ou critiquer l'autre. En effet, si quelqu'un se sent critiqué, cela affaiblit notre capacité à obtenir de la collaboration ou de l'harmonie, et ce, même si cette critique est fondée.

Comment faire ? Après avoir, grâce à l'auto-empathie, clarifié ce qui se passe en soi, on choisira, si nécessaire, d'aller en parler à la personne concernée.

Exercice d'expression honnête ou assertive

Pensez à une situation difficile que vous avez vécue avec quelqu'un et accomplissez les étapes suivantes, en imaginant que vous vous adressez à la personne concernée :

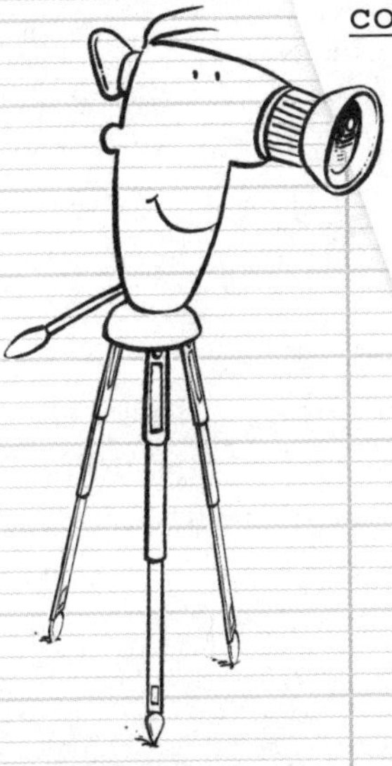

- Décrivez la situation de façon aussi neutre que si vous étiez une caméra de télévision. Attention ! Souvent, en citant des faits, on juge déjà, on évalue, ce qui met l'autre sur la défensive. Veillez à ne pas tomber dans ce piège !

« La plus haute forme de l'intelligence humaine est la capacité d'observer sans évaluer. »

Krishnamurti

— Nommez un ou deux sentiments en relation avec cette situation. (Évitez les mots de la liste des « mots à proscrire », p. 61 !)

— Nommez un ou deux besoins insatisfaits dans la situation.

— Formulez une demande qui pourrait satisfaire un de vos besoins.

Quand je vois, j'entends, j'observe…
Quand je me souviens avoir vu, entendu, je me sens…
parce que j'ai besoin de…
et maintenant, est-ce que tu serais d'accord de…

— Ensuite, prononcez cette phrase devant un miroir en imaginant être la personne à qui vous vous adressez.

— Qu'exprime votre visage ? Quel est le ton de votre voix ? Que ressentez-vous ?

— Êtes-vous neutre ou en train de juger, de râler ?

— Si on vous parlait comme vous le faites, le recevriez-vous comme une critique ?

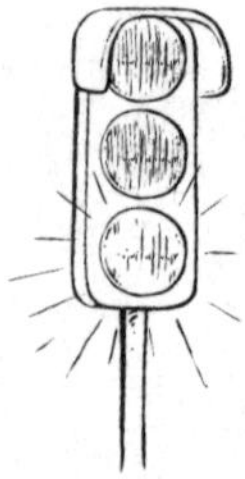

Si vous vous apercevez neutre et sans critique, vous êtes prêt(e) à rencontrer la personne concernée.

Sinon, c'est le signe que vous avez d'abord besoin d'écoute ou d'empathie pour vous. Pas la peine alors d'aller parler à l'autre parce que vous feriez pire plutôt que bien ! Si vous accusez ou critiquez l'autre, cela le mettra sur la défensive et il se refermera et/ou vous attaquera à son tour.

L'écoute de l'autre, empathique et respectueuse

Il s'agit de tenter de comprendre l'autre et qu'il se sente compris, quelle que soit sa façon de s'exprimer.

L'empathie, c'est se mettre au diapason du vécu de l'autre. C'est une qualité d'écoute et de présence à l'autre, particulièrement à ses sentiments et à ses besoins, sans intention d'obtenir autre chose qu'une qualité de connexion. Avoir de l'empathie pour quelqu'un, c'est comme si on lisait un livre si passionnant qu'on en oublierait sa rage de dents.

L'empathie n'a rien à voir avec la complaisance : on peut être empathique avec quelqu'un et ne pas être d'accord avec lui, ni faire ce qu'il souhaite.

Histoire :

Il était une fois un fermier qui avait les plus beaux champs de maïs de sa région. Chaque année, lors de la fête de son village, il participait au concours des plus belles récoltes et, chaque année, il remportait les premiers prix.

Dès qu'il rentrait chez lui après la fête, il se rendait chez ses voisins pour leur offrir des semences provenant de ses récoltes.

Un jour, un ami lui dit : « Mais, si tu offres tes meilleures graines à tes voisins, tu t'exposes à ce qu'un jour, ils gagnent les premiers prix à ta place. Tu ne trouves pas que c'est dommage ? »

Le fermier répondit : « Je ne pense pas. Au contraire ! Tu sais, sur nos collines, il y a beaucoup de vent, alors, à cause de la pollinisation croisée, je risque de détériorer la qualité de mon maïs à cause de celui de mes voisins. Donc, **tout ce que je donne aux autres, c'est à moi-même que je le donne !** »

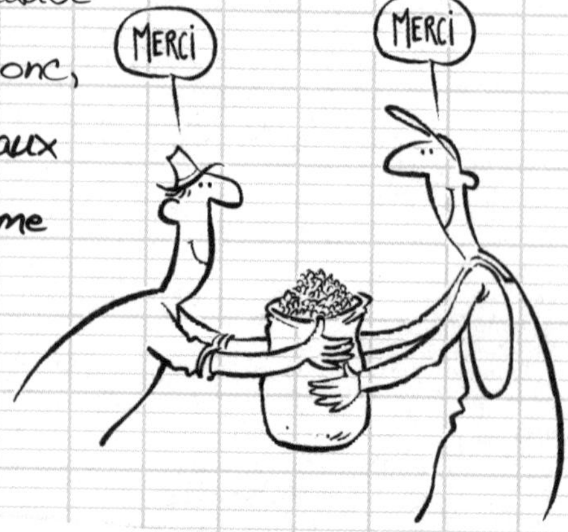

Exercice d'empathie

Pensez à une situation difficile que vous avez vécue avec quelqu'un et accomplissez les étapes suivantes, en imaginant que vous vous adressez à la personne concernée :

- Décrivez la situation de façon neutre.
- Nommez un ou deux sentiments que vous imaginez que votre interlocuteur ressent en relation avec cette situation. (Évitez les « mots à proscrire » p. 61 !)

- Nommez un ou deux besoins que vous pensez être insatisfaits chez l'autre dans la situation.

- Formulez une demande qui pourrait satisfaire un des besoins de votre interlocuteur.
  Quand tu vois, entends, observe…
  Quand tu te souviens avoir vu, entendu, est-ce que tu te sens…
  parce que tu as besoin de…
  et maintenant, souhaiterais-tu que… ?
  Est-ce bien ça ?

L'expression de la gratitude

MERCI signifie : « La Magie de la vie Émerge en Remerciant à Chaque Instant ».

« La gratitude, c'est le paradis lui-même. »

Rumi

Sentez votre gratitude !

Pensez à une personne qui a apporté du bon dans votre vie. Écrivez ce qu'elle a dit ou fait, dessinez-la, notez son prénom et coloriez-la en prenant soin de sentir votre appréciation pour elle.

Sentez toutes les émotions qui vous viennent. Votre coeur s'ouvre-t-il ?

Placez votre dessin dans un endroit où vous le verrez souvent car il vous aidera à vous sentir bien.

Exprimez votre gratitude

Pensez à quelqu'un de votre entourage qui vous a fait du bien et écrivez trois éléments :

- ce qu'il (ou elle) a fait (ou dit) qui vous a fait du bien,
- comment vous vous sentez **maintenant** en y repensant,
- lesquels de vos besoins ont été satisfaits grâce à ce qu'elle a dit ou fait.

Si cette personne est encore en vie, peut-être pourriez-vous lui envoyer un petit mot ? Voilà à quoi il pourrait ressembler :

« Cher, chère...

Quand je pense à...

(citez ce que la personne a fait ou dit : par exemple, un professeur s'exclamant : « Quel beau travail ! »)

Je me sens...

(citez vos sentiments : touché(e), ému(e), etc.)

Et cela a satisfait pour moi...

(nommez vos besoins satisfaits, par exemple, « Cela m'a aidé(e) à croire en moi »). »

Si vous ne vous souvenez de rien de positif accompli pour vous par un proche, cherchez autre chose : un animal, la nature si généreuse et accueillante, un inconnu dans la rue qui vous a souri. L'idée est de vous relier à du positif et à de la gratitude afin de vous procurer de l'énergie et du bien-être.

Notez chaque jour dans votre journal de bord votre gratitude vis-à-vis de vous-même, d'autrui ou de la vie. Sentez-la et vous verrez votre énergie se décupler !

Créer une vie en accord avec qui on est profondément, avec son « être profond »

S'écouter pour se connaître

Voir l'exercice d'auto-empathie, p. 24.

Aller vers ses rêves

Se questionner sur ce qu'on veut avoir réalisé durant la journée et dans sa vie et se donner les moyens de l'accomplir.

« Ce que l'on regrette, ce n'est pas l'inatteignable, mais l'atteignable non atteint. »

Réécrivez et coloriez cet aphorisme !

Exercice inspiré du livre *Le pouvoir de créer* d'Abraham :

Écrivez chaque matin pendant :

- 1 minute, comment vous voulez vous sentir aujourd'hui,
- 5 minutes, ce que vous voulez avoir,
- 5 minutes, ce que vous voulez accomplir.

Sentez ensuite pendant 3 minutes les sentiments que vous éprouveriez si vous aviez obtenu et/ou réalisé ce que vous souhaitez.

Et chaque soir, relisez les notes du matin, sans en tirer aucune conclusion ; lisez-les, tout simplement !

Après un mois de cette pratique, vous verrez vos sentiments/sensations entrer naturellement en corrélation harmonieuse avec vos actions et vous obtiendrez davantage ce que vous voulez.

Réflexion :

- Quels sont les moments où vous êtes heureux(se) ? Quelles en sont les caractéristiques ? Décrivez vos sentiments.
- Quels sont vos besoins satisfaits dans ces moments-là ?
- Comment pourriez-vous en créer davantage ?
- Quels sont les moments où vous n'êtes pas heureux(se) ? Quelles en sont les caractéristiques ? Décrivez vos sentiments.
- Quels sont vos besoins insatisfaits ?
- Pouvez-vous y changer quelque chose ?
- Si oui, qu'allez-vous changer ?

Parfois, on ne peut pas changer une situation, mais on peut changer notre façon d'y réagir.

« Ce que tu vois chez les autres, tu le portes en toi ; il suffit de l'éveiller. »

Pensez à quelqu'un que vous aimez et écrivez les qualités que vous appréciez chez cette personne. Ensuite, pendant 5 minutes, sur une musique qui vous plaît, bougez et parlez comme si vous possédiez ces qualités et, surtout, sentez-vous comme vous vous sentiriez si vous les aviez déjà intégrées !

-
-
-
-

Là où va l'attention va l'énergie !

Dessinez pendant les jours à venir, sur une ou plusieurs feuilles volantes, ce que vous aimeriez avoir accompli dans votre vie. Choisissez les domaines que vous avez le goût de considérer (affectif, créatif, récréatif, professionnel, etc.).

Placez avec amour et respect ce(s) dessin(s) dans un endroit que vous fréquentez chaque jour. Regardez-le(s) souvent en vous sentant comme vous vous sentiriez si vous aviez réalisé ce qui est dessiné.

Si l'amertume ou le désespoir vous envahissent, donnez-vous un temps pour accueillir avec bienveillance ces émotions et reliez-vous ensuite dès que possible à ce à quoi vous aspirez, compte tenu de la réalité de votre vie.

Discipliner son esprit

Lâcher les jugements et les transformer en sentiments/besoins

Si l'on pense en termes de jugements, on crée en soi une énergie négative qui attire des énergies similaires à celles que l'on porte en soi.

Les jugements sur soi sont toxiques pour notre humeur et notre énergie et agaçants ou décourageants pour notre entourage !

Dites quelques fois : « Je suis nul(le), je rate tout ! » Puis observez comment vous vous sentez. Tendu(e), dépité(e) ? Est-ce désagréable ? Alors, transformez AU PLUS vite cette phrase en vos sentiments et besoins.

Cela pourrait donner : « Je me sens découragé(e) parce que j'aimerais être fier(ère) de moi. » Et là, un espace s'ouvre : je peux me servir de ma créativité pour trouver comment faire pour être fier (fière) de moi.

Cette gymnastique nous relie à ce que nous voulons (plutôt qu'à ce qui ne va pas) et nous sort de notre impuissance : dès que l'on connaît ses besoins, on peut chercher par quelle action tenter d'y répondre.

Pensez à un jugement que vous portez sur vous et transformez-le en sentiments/besoins :

–

→

Les jugements sur l'autre :

« Comme la terre est ronde, tout ce qu'on fait aux autres nous revient tôt ou tard. »

Redessinez et coloriez cet aphorisme.

Nos jugements sur l'autre nous donnent parfois l'impression de nous défouler, mais ils n'engendrent que des effets négatifs sur nous et nos relations parce qu'ils créent un mauvais climat (en nous et/ou avec l'autre) et réduisent nos chances d'obtenir ce que nous attendons d'autrui. Par exemple, si vous dites à quelqu'un : « Tu ne m'écoutes jamais », cela va davantage lui donner l'envie de se boucher les oreilles que de vous écouter !

Un des actes de bienveillance les plus puissants que l'on peut accomplir pour soi est de transformer les mots « Ce que je te reproche, c'est... » en « Ce que je souhaite, c'est... »

Si on se concentre sur ce qu'on veut (nos besoins), on augmente nos chances de l'obtenir.

Pensez à un jugement que vous portez sur quelqu'un et transformez-le en sentiments/besoins.

–

→

Par exemple, « Tu ne m'écoutes jamais » deviendrait :
« Quand tu regardes ton ordinateur pendant que je te parle, je me sens mal à l'aise et j'ai besoin de clarté. Est-ce que ce que je te raconte t'intéresse ? Est-ce le bon moment pour en parler ? »

L'essentiel, et c'est difficile, est de se relier à ce à quoi on aspire et de s'exprimer avec une énergie d'abondance et non de manque ou de plainte.

Le ton de notre voix et notre regard sont plus importants que les mots eux-mêmes, car notre interlocuteur se fie davantage, même sans s'en rendre compte, au ressenti qu'il a de notre attitude corporelle plutôt qu'aux mots prononcés.

Écrivez la phrase la plus importante pour vous dans ce chapitre et chantez-la de différentes façons.

Repérer et savourer autant que possible la beauté de chaque instant

« Quand on voit le beau, on a plus de courage et de force pour traverser les difficultés. »

« Ce matin, j'ai fait du vélo le long du canal de la gare, prenant plaisir à l'étendue du ciel et inspirant l'air frais non rationné. Partout des signes interdisaient aux Juifs les chemins et la pleine campagne. **Mais au-dessus de la**

voie étroite qui nous est encore laissée, s'étend toujours le ciel intact. Ils ne peuvent rien nous faire. Ils peuvent nous harceler, nous voler nos biens, notre liberté mais c'est par notre soumission que nous perdons nos valeurs les plus précieuses. Par notre choix de voir la situation comme si nous étions humiliés et opprimés. Par notre haine. Bien sûr, nous pouvons être tristes de ce qui nous a été fait. Mais notre blessure la plus profonde est celle que nous nous infligeons nous-mêmes… **Je trouve la vie belle et je me sens libre. Le ciel au-dedans de moi est aussi vaste que celui qui s'étire au-dessus de ma tête.** »

Etty Hillesum, Une vie bouleversée

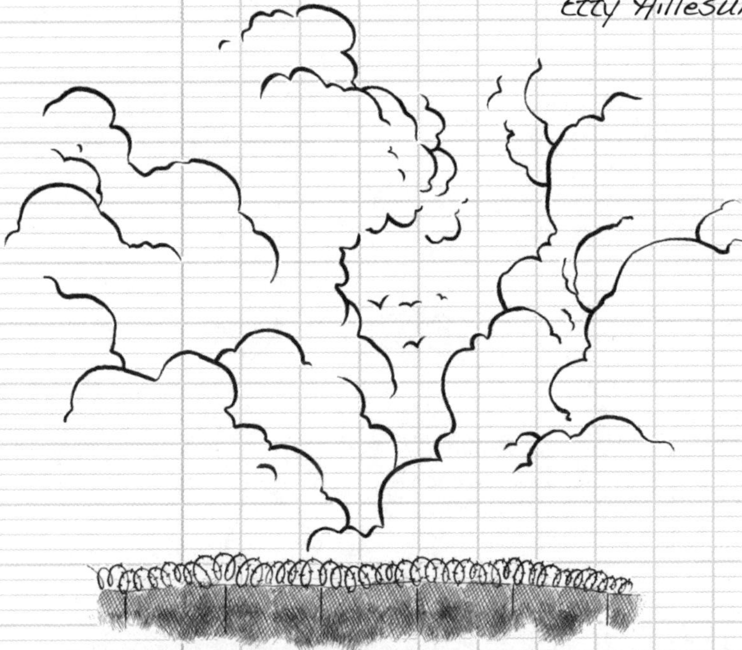

Histoire de la petite maison :

En classe, un professeur demande de dessiner une maison. Une fillette dessine une maison verte avec des volets rouges et une cheminée orange. Moqueur, le prof lui dit : « Mais qu'est-ce qui te prend ? Tu as déjà vu une maison verte ? » La petite fille blêmit et cesse de dessiner.

Un an plus tard. Nouveau cours de dessin, autre professeur. Il demande aux élèves de dessiner une maison. À la fin du cours, la petite fille remet une feuille blanche. Le professeur la prend et s'écrie : « Oh, mais quelle jolie maison sous la neige ! »

Écrivez une chose appréciable à votre propos et sentez ce qui se passe en vous lorsque vous la lisez à haute voix.

–

Aimez-vous ou non faire cela ?

Si oui, alors faites-le souvent, cela vous fera du bien !

Si non, c'est vraisemblablement le signe que vous n'avez pas encore assez d'estime de vous-même. Alors faites encore plus souvent cet exercice !

Si vous reconnaissez votre beauté d'être, votre humanité, vous les ferez grandir et vous développerez l'estime de vous-même.

Vous voilà à la fin de ce petit cahier d'exercices. J'espère que les signes que vous vous occupez bien de vous sont maintenant plus présents dans votre vie.

Accomplissez chaque jour un petit pas de bienveillance envers vous-même et souvenez-vous que :

« Peu à peu, on peut ! »

Réécrivez cet adage et méditez dessus !

Annexes

Sentiments éprouvés quand nos besoins sont satisfaits

à l'aise, admiratif, allégé, aimant, amusé, animé, apaisé, attendri, aventureux, bien disposé, bouleversé, calme, captivé, centré, chaleureux, charmé, comblé, compatissant, concentré, concerné, confiant, content, curieux, décontracté, délassé, délivré, détendu, déterminé, dynamisé, ébahi, électrisé, emballé, émerveillé, émoustillé, ému, en effervescence, en expansion, enchanté, encouragé, énergique, enflammé, engagé, enjoué, en harmonie, enthousiaste, épanoui, espiègle, plein d'espoir, étonné, éveillé, exalté, excité, exubérant, fasciné, fier, fort, gai, galvanisé, gonflé à bloc, grisé, heureux, impliqué, insouciant, inspiré, intéressé, intrigué, joyeux, léger, libre, motivé, nourri, optimiste, ouvert, paisible, partagé, passionné, pétillant, proche, radieux, radouci, rafraîchi, rassasié, rasséréné, rassuré, ravi, rayonnant, réceptif, réconforté, reconnaissant, régénéré, réjoui, relaxé, revigoré, satisfait, sécurisé, sensibilisé, sensible, serein, sidéré, soulagé, stimulé, sûr de soi, surpris, touché, tranquille, vivant, vivifié.

Sentiments éprouvés quand nos besoins sont insatisfaits

à bout, abattu, accablé, affamé, affolé, agacé, agité, alarmé, amer, angoissé, anxieux, apeuré, assoiffé, blessé, bloqué, bouleversé, chagriné, choqué, en colère, concerné, confus, consterné, contrarié, crispé, débordé, déchiré, déconcerté, décontenancé, découragé, sur la défensive, dégoûté, démonté, démoralisé, démuni, dépassé, dépité, déprimé, dérangé,

dérouté, désabusé, désappointé, désemparé, désespéré, désolé, désorienté, déstabilisé, détaché, distant, ébahi, ébranlé, effondré, effrayé, embarrassé, embrouillé, ému, endormi, énervé, ennuyé, enragé, éprouvé, épuisé, essoufflé, étonné, exaspéré, excédé, exténué, fâché, fatigué, fragile, frustré, furieux, gêné, glacé, grognon, hésitant, honteux, horrifié, hors de soi, impatient, impuissant, incertain, incommodé, incrédule, indécis, indifférent, inquiet, insatisfait, insensible, intrigué, irrité, las, lourd, mal, mal à l'aise, malheureux, mécontent, méfiant, mélancolique, morose, nerveux, partagé, peiné, perdu, perplexe, perturbé, pessimiste, préoccupé, réservé, résigné, réticent, sans élan, saturé, sceptique, secoué, seul, sombre, soucieux, stressé, stupéfait, submergé, surmené, surpris, tendu, terrifié, terrorisé, tiraillé, tourmenté, triste, troublé, vexé, vidé, vulnérable.

Mots à proscrire

Ils sont la somme d'un sentiment et d'un jugement sur l'autre ou sur soi-même :

abandonné, abusé, acculé, accusé, agressé, assailli, attaqué, bafoué, bête, blâmé, bousculé, calomnié, contraint, critiqué, déconsidéré, dénigré, détesté, dévalorisé, diminué, dominé, dupé, écarté, écrasé, étouffé, exploité, fautif, floué, forcé, harcelé, humilié, ignoré, importuné, incapable, incompétent, incompris, indésirable, indigne, insulté, isolé, jeté, jugé, lamentable, largué, maltraité, manipulé, médiocre, menacé, méprisé, minable, minorisé, mis en cage, mis sous pression, négligé, nul, offensé, pas accepté, pas aimé, pas cru, pas entendu, pas important, pas vu, persécuté, piégé, pris en faute, provoqué, rabaissé, refait, rejeté, répudié, ridiculisé, roulé, sali, sans valeur, stupide, trahi, trompé, utilisé, vaincu, violé.

Quelques besoins fondamentaux

Subsistance : respirer, boire, manger…

Sécurité : sécurité affective et matérielle, réconfort, soutien, soins…

Liberté : autonomie, indépendance, spontanéité, choix de ses rêves, valeurs, buts…

Loisirs : défoulement, jeu…

Identité : accord avec ses valeurs, affirmation de soi, appartenance, authenticité, confiance en soi, estime et respect de soi/de l'autre, évolution, intégrité…

Participation : coopération, concertation, cocréation, connexion, expression, interdépendance, contribution au bien-être, à l'épanouissement de soi/de l'autre, à la vie…

Relationnels : acceptation, appartenance, attention, communion, compagnie, contact, intimité, partage, proximité, amour, affection, chaleur humaine, honnêteté, sincérité, respect, tendresse, confiance, communication, harmonie, réconfort…

Accomplissement de soi : expression de soi, évolution, apprentissage, réalisation de son potentiel, créativité…

Sens : clarté, compréhension, discernement, orientation, signification, transcendance, unité, sens…

Célébration : appréciation, partage des joies et des peines, ritualisation, gratitude…

Spiritualité : beauté, inspiration, paix, transcendance…

Bibliographie

Abraham, *Le pouvoir de créer*, Ariane, 2004.

Éric Baret, *Le seul désir – Dans la nudité des tantras*, Almora, 2006.

Stefan Einhorn, *L'art d'être bon – Oser la gentillesse*, Belfond, 2008.

Etty Hillesum, *Une vie bouleversée*, Seuil, 1995.

Marshall Rosenberg, *Les mots sont des fenêtres (ou des murs)*, Jouvence, 1999.

Eckhart Tolle, *Le pouvoir du moment présent*, Ariane, 2000.

Anne van Stappen, *Ne marche pas si tu peux danser*, Jouvence, 2009.

Note de l'auteur :
Les exercices d'auto-empathie, d'expression honnête, d'empathie et de gratitude ont été créés par Marshall Rosenberg, fondateur de la Communication NonViolente®.

FSC Sources mixtes
Groupe de produits issus de forêts bien gérées et d'autres sources contrôlées
www.fsc.org Cert no. SGS-COC-005461
© 1996 Forest Stewardship Council

Imprimé en Espagne
par Rivadeneyra S.A.

Dépôt légal septembre 2009